あべこべものがたり

北欧民話　光吉夏弥／再話　箕田源二郎／え

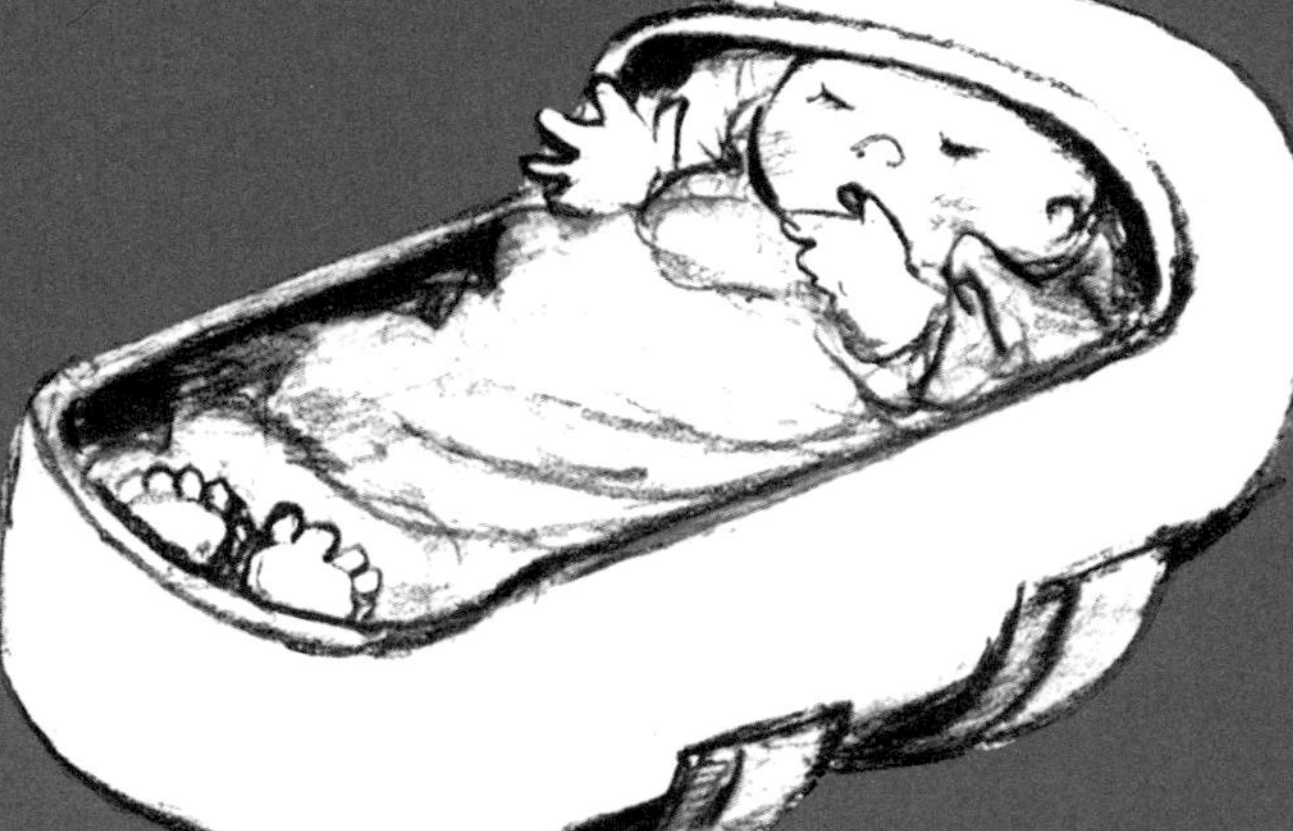

ゆかいな　ゆかいな　おはなし●大日本図書

むかし、ある　ところに、フリツル《ふりつる》さんと　いう、
とても　きむずかしい、おこりっぽい　人《ひと》が
いました。
おかみさんの　する　ことが、なに　一《ひと》つ　きに
いらないで、いつも　ぶうぶう、もんくばかり
いって　いました。

ちょうど、
ほしぐさづくりの
ころでした。
ゆうがた、はたけから
かえって　くると、
大《おお》きな　ハンカチ《はんかち》で
あせを　ふきながら、
さっそく　フリツル《ふりつる》さんは
はじめました。

「一日《いちにち》じゅう、
かんかんでりの　中《なか》で
はたらきどおしなんだから、
まったく
たまったもんじゃないよ。
それに　くらべりゃ、
うちの　中《なか》の
しごとなんて、じっさい、
らくなもんだ。」

「まあ、まあ。そんなにいうもんじゃありませんよ」と、おかみさんは　いいました。

「あしたは　ひとつ、しごとの　とりかえっこをして　みましょう。あたしが　ほしくさを　かりにでかけ、あんたは　うちに　いて、こまごましたことを　して　ちょうだい」

「そいつは、いい　かんがえだ」

と、フリツル《ふりつる》さんは　いいました。

さて、つぎの
あさ　はやく、
おかみさんは、
大《おお》きな
くさかりがまを
かたに　かついで
でかけました。

フリツル《ふりつる》さんは、
ゆっくり　あさごはんを
すませ、だいどころの
ゆかで　ちょろちょろ
あそんで　いる
あかんぼうを
ながめながら、
のんびり、たばこを
ふかして　いました。

その　うち、ひるごはんに　いる　バター《ばたー》を
つくって　おかなくちゃと　おもって、
フリツル《ふりつる》さんは　たちあがりました。
バターを　つくるには、ふかい　おけに
クリーム《くりーむ》を　いれて、それが　かたまるまで、
ぼうで　かきまわさなければ　なりません。
フリツルさんは、ながい　ぼうで、おけの　中《なか》の
クリームを、ぐるぐる、かきまわしはじめました。

クリーム《くりーむ》は、なかなか　かたまりませんでした。
あせは　でるし、のどが　かわいて
しかたありませんので、フリツル《ふりつる》さんは　ビール《びーる》を
一《いっ》ぱい　のみたいと　おもって、あなぐらへ
おりて　いきました。
そして、大《おお》きな
たるの　せんを
ぬいて、ビールが
どくん　どくん、

ジョッキ《じょっき》に
ながれこむのを、
たのしそうに
ながめて　いました。
すると、とつぜん
あたまの　上《うえ》で、
ブタ《ぶた》が　だいどころへ
はいって　きた
おとが　しました。

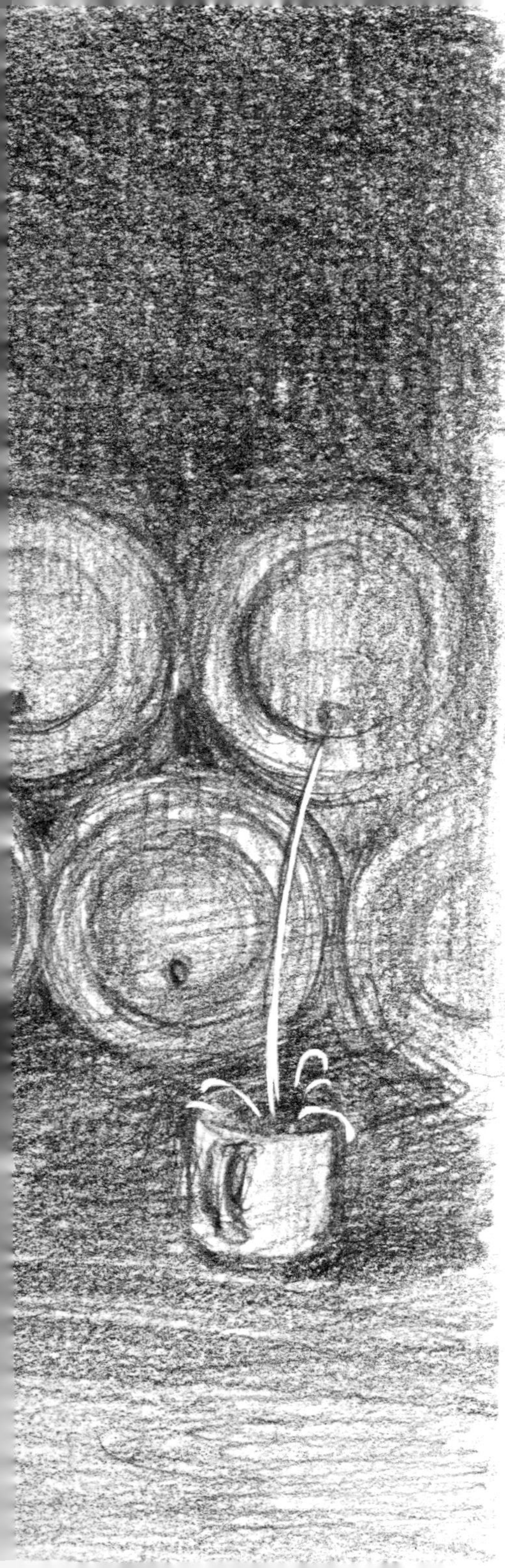

「こりゃ、いけねえ!」
フリツル《ふりつる》さんは、ブタ《ぶた》が　おけを
ひっくりかえしては　たいへんと　おもって、
あわてて、だいどころへ　ひきかえしました。

でも、もう
おそすぎました！
ブ《ぶ》タ《た》は　おけを

ひっくりかえして、
ぺろぺろ、クリーム《くりーむ》を
なめて　いました。

「こ、この　やろう！」
フリツル《ふりつる》さんは
かんかんに　なって、
ブタ《ぶた》を
おいまわしました。
そして、とぐちの
ところで、おもいきり
けとばした
ひょうしに、ブタは

それきり、ころりと
しんで　しまいました。

きが　つくと、フリツル《ふりつる》さんは、手《て》に　ビール《びーる》の
たるの　せんを　もったままでした。
「いけねえ！」
フリツルさんは、大《おお》いそぎで　あなぐらへ
とんで　かえりました。
でも、やはり、おそすぎました。
ゆかじゅう、ビールの　こうずいで、たるには
もう　一《いっ》てきも　のこって　いませんでした。

「やれ、やれ、なんて こった！」
フリツル《ふりつる》さんは がっかりして、だいどころへ
あがって いきました。
そして、のこって いた クリーム《くりーむ》で、もう
いちど、バター《ばたー》を つくりに かかりました。

ところが、ふと、ウシ《うし》の ことが きに
なって きました。
「あさから まだ、なんにも たべさせて
いないし、水《みず》も やって なかったっけ。」

ウシ《うし》は　げんなりした　かおを　して、
「モー《もー》」とも　いわずに、まきばの　ほうを
みて　いました。
「よし、よし、いま　つれてって　やるからな。」
と、フリツル《ふりつる》さんは　いいました。
けれども、まきばは　とおくて、そこまで
つれて　いくのは、たいへんです。
「いっそ、いえの　やねの　上《うえ》に
あがらせて　やるか。」

フリツル《ふりつる》さんの　いえの　やねは　くさぶきで、
あちこち、くさが　はえて　いました。
それに、いえは　おかの
すぐ　そばに　たって　いて、
さかみちから　いたを
一《いち》まい　わたしさえ
すれば、わけなく
ウシ《うし》を　つれて
あがれそうでした。

「だが、まてよ。」

と、フリツル《ふりつる》さんは　かんがえました。

「その　あいだに、あかんぼうが　だいどころで、クリーム《くりーむ》の　おけを　ひっくりかえしでもしたら――。」

そこで、フリツルさんは　だいどころへひきかえして、大《おお》きな　クリームの　おけをせなかに　くくりつけました。

ウシ《うし》は、
とても　のどが
かわいて
いるようでした。
「そうだ！
さきに、水《みず》を
のませて
やらなくちゃ。

ついでに、わしも
一《いっ》ぱい。」
そう
いいながら、
フリツル《ふりつる》さんは、
いどへ　水《みず》を
くみに
いきました。

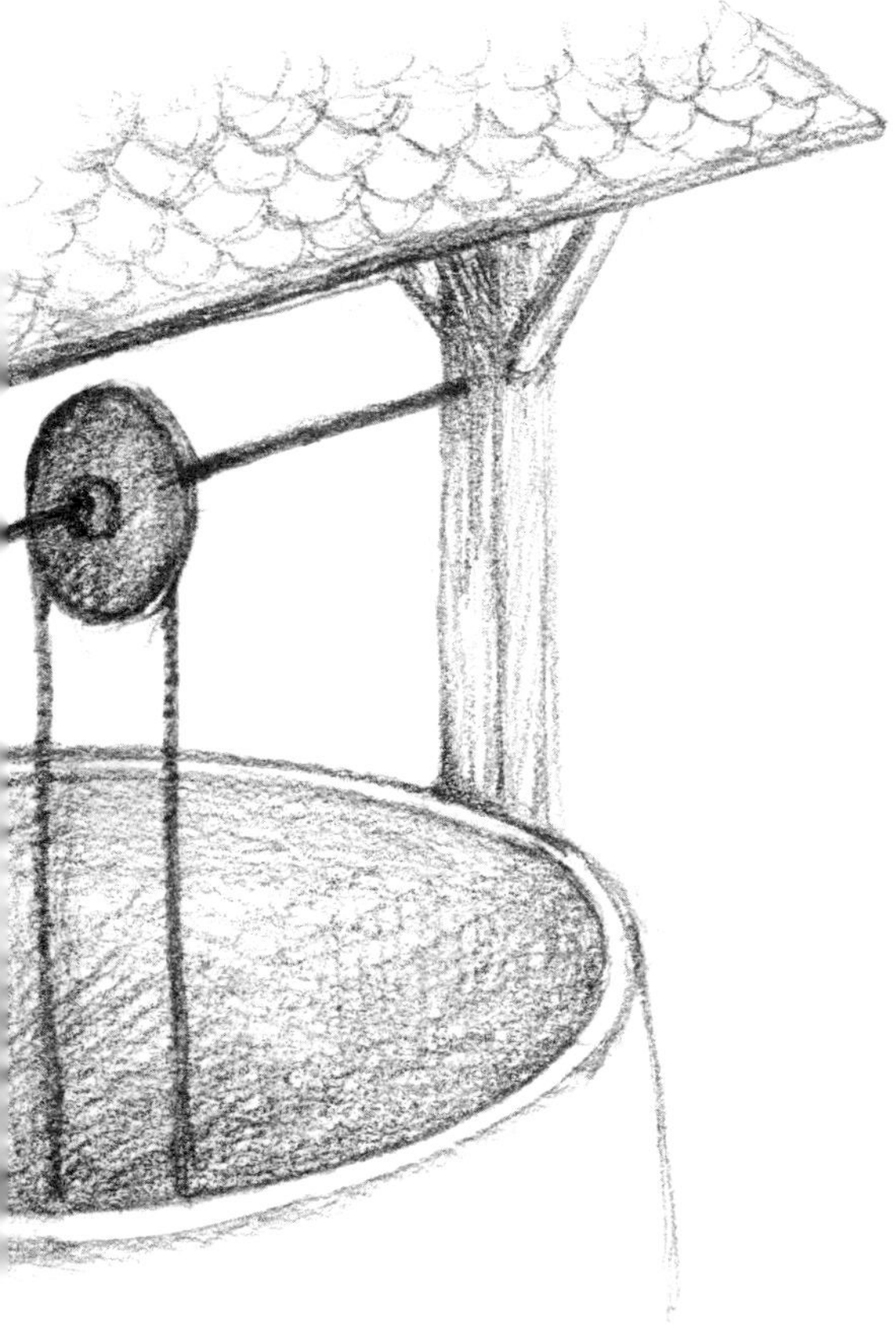

いどは　ふかくて、なかなか　つるべが
あがって　きませんでした。
フリツル《ふりつる》さんは、じれったく　なって、
中《なか》を　のぞいて　みました。

するとその　とたんに、おけが　さかさに
なって、ざあっと、クリーム《くりーむ》が　いどの　中《なか》に
こぼれおちて　しまいました。

「ああ、あ。ついてねぇなあ！」
フリツル《ふりつる》さんは、われながら なさけなく
なって、ためいきを つきました。
でも、とにかく、ウシ《うし》に 水《みず》を のませて
やって、それから さかみちを のぼり、いたを
わたして、やねに あがらせて やりました。
ウシは さっそく、そこいらの くさを
むしゃむしゃ やりだして、大《おお》よろこびでした。

けれども、
フリツル《ふりつる》さんの
ほうは、まだ、
バター《ばたー》も　できて
いません。
もう　すぐ、おひるだと
いうのに――。
しかたが　ないので、
おかゆでも

つくろうと　おもって、
フリツルさんは、
大《おお》きな　かまに
水《みず》を　いれて
火《ひ》に　かけました。
ところが、ふと
やねの　上《うえ》の　ウシ《うし》の
ことが　しんぱいに
なって　きました。

「もしも、ウシ《うし》が あしを ふみすべらせて、
おっこちでも したら――」。
そう おもうと、きが きでは なく なって、
フリツル《ふりつる》さんは、ながい ロープ《ろーぷ》を もって、
もう 一《いち》ど、やねへ あがって いきました。

そして、ウシの
からだに　しっかり
ロープを　しばりつけ、
もう　一《いっ》ぽうの
はしを　えんとつから
下《した》に　たらしました。

その　はしを　どこへ　しばりつけたら
いいか、フリツル《ふりつる》さんは　まよいました。
でも、けっきょく、じぶんの　からだに
まきつけて　おくのが　いちばん　いいと
おもって、そう　しました。
「よし、よし。これで　あんしんだ。」

おかゆを
つくるには、
ひきわりの
カラスムギ《からすむぎ》を
いれなければ
なりません。
けれども、まだ
ムギは　ひいて
ありません。

フリツル《ふりつる》さんは
いそいで、
ひきに
かかりました。

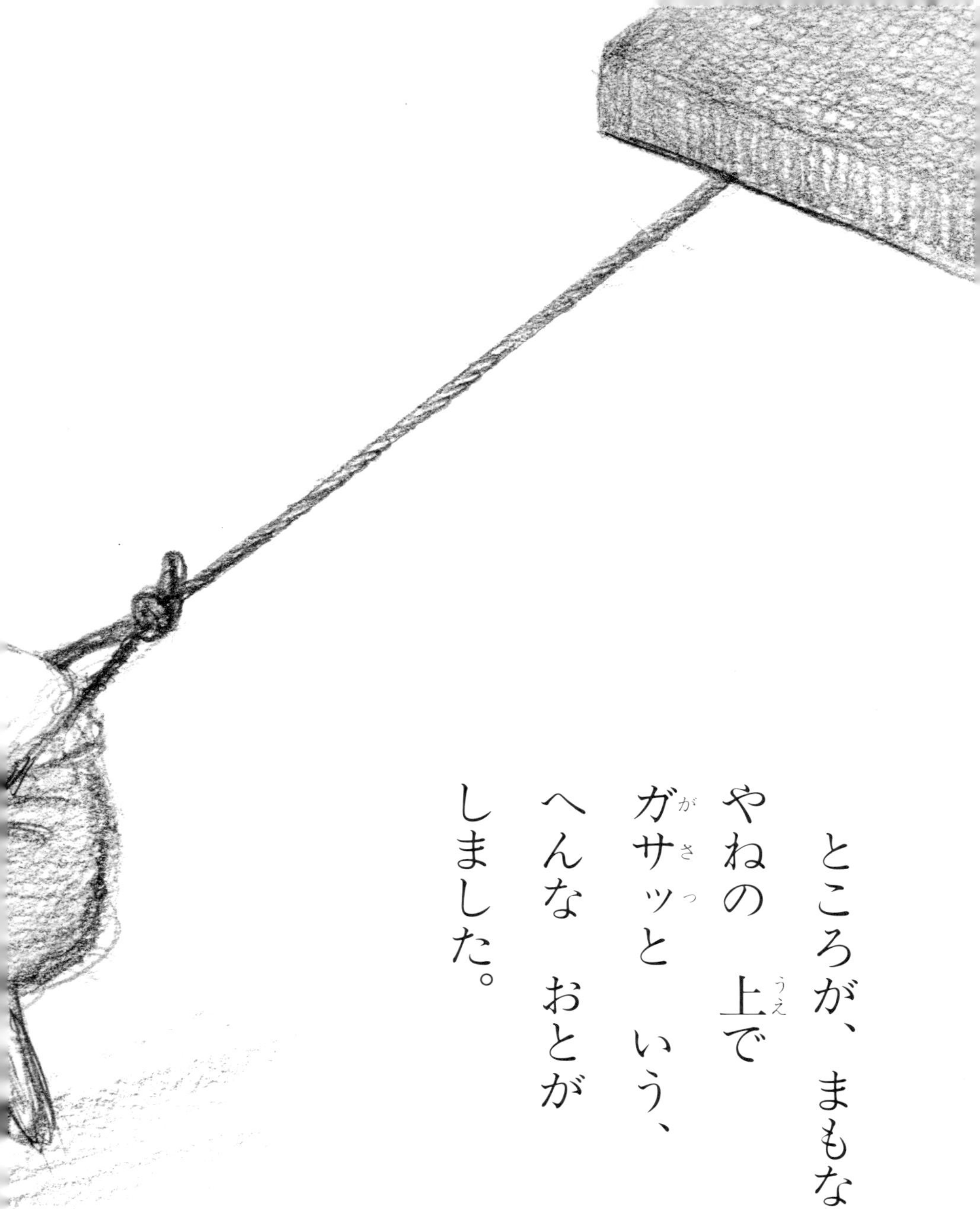

ところが、まもなく
やねの 上《うえ》で
ガサッ《がさっ》と いう、
へんな おとが
しました。

つづいて、
ドスン《どすん》と　いう、
大《おお》きな　おとが
しました。

とたんに、フリツル《ふりつる》さんの　からだは、
ロープ《ろーぷ》に　ひっぱりあげられて、えんとつの
中《なか》に　ちゅうづりに　なって　しまいました。

いっぽう、そとでは　ウシ《うし》が、やねと　じめんの
あいだに　ちゅうぶらりんに　なって、目《め》を
しろくろさせて　いました。

おかみさんは、いくら
まっても　おひるの
しらせが　ないので、
いらいらして　いました。
「いったい、どう
したんだろうね。」
しかたが　ないので、
うちへ　かえって　みる
ことに　しました。

すると、むこうに、なにやら　でっかい　ものが、
やねから　ぶらさがって　いるのが　みえました。
「はて、なんだろう？　ウシ《うし》かしら？」
そう、ウシでした！
おかみさんは　びっくりして、ウシのほうへ
とんで　いきました。
そして、大《おお》きな　くさかりがまで　ぷっつり、
ロープ《ろーぷ》を　きりました。

ドサン《どさん》と、ウシ《うし》は　もんどりうって、
じめんに　おちました。
でも、さいわい　どこも　けがは
ありませんでした。四本《よんほん》の　足《あし》で　たちあがって、
ほっと　したような　かおを　しました。

「どうして、あんな
ところに　ウシ《うし》が
ぶらさがって
いたんだろう？」
おかみさんは、
ふしぎに
おもいながら、
だいどころへ
はいって　いきました。

すると、
バター《ばたー》を　つくる
おけが、
ひっくりかえって
いて、あかんぼうが
クリーム《くりーむ》の　中《なか》を、
ぱちゃ　ぱちゃ、
はいまわって
いました。

「いったい、うちの　人《ひと》は、どこへ
いったんだろう？」
おかみさんが、ふと　よこを　みると、
なんと　おかまの　中《なか》から、足《あし》が　二本《にほん》と
手《て》が　二本《にほん》、にゅっと　つきでて、
ばたばた　やって　いました。
「まあ、どう　したのよう！」
と、おかみさんは　たまげたように　いいました。
（どう　したのかは、おわかりでしょう？）

やっと、おかみさんに　たすけだして　もらって
フリツル《ふりつる》さんは　ばつが　わるそうに　いいました。
「うちの　しごとも、なかなか　たいへんな
ものなんだな。」
「でも、つらいのは　はじめの　うちだけよ。」と、
おかみさんは、いいました。「あしたは、もっと
うまく　やれるように　なるわよ。」
「いや、もう、こりごりだ！」
と、フリツルさんは　いいました。

（おわり）

民話の宝庫といわれるノルウェーの数々の昔話が，ペテル・C・アスビョルンセンとヨルゲン・モオによって集められたのは，今からおよそ百数十年まえのことでした。それはドイツの昔話を収集したグリム兄弟の仕事に匹敵するものといわれ，兄のヤーコブ自身，「ほかのほとんどあらゆる民話にまさる」ものとした清新さと豊かさを持ったものでした。

ノルウェーの民話の一つの大きな特徴は，ユーモアに富んでいることで，中でもこの「あべこべものがたり（家事をすることになった夫）」は出色のゆかいさにあふれています。原話はもうすこし素朴な形で語られていますが，ワンダ・ガーグが絵本化したものなども参照して，いまの子どもたちに伝わりいいように再話しました。

（光吉夏弥）

〈著者紹介〉

光吉夏弥　1904～89年佐賀県に生まれる。慶応義塾大学卒業。毎日新聞記者をへて，絵本・写真・バレエの研究・評論に活躍。ヘレン・バンナーマン「ちびくろ・さんぼ」をはじめ，エッチ・エイ・レイ「ひとまねこざる」，マンロー・リーフ「はなのすきなうし」，ドーリィ「キューリー夫人」等，児童書の翻訳多数。

〈画家紹介〉

箕田源二郎　1918年東京生まれ。青山師範学校卒業後，福沢研究所で洋画を学ぶ。現在日本美術会，美術家平和会議，新しい絵の会，童画グループ「車」等に所属。著書に「美術の心をたずねて」「美術との対話」，絵本に「火」「へえ六がんばる」「鼻かけじぞうさん」等がある。

新装版 ゆかいなゆかいなおはなし
あべこべものがたり
2010年11月15日　第1刷発行
2022年3月31日　第3刷発行

北欧民話
再話●光吉夏弥
画家●箕田源二郎
発行者●藤川　広
発行所●大日本図書株式会社
〒112-0012 東京都文京区大塚3-11-6
電話（03）5940-8678（編集），8679（販売）
〈受注センター〉（048）421-7812
振替 00190-2-219
印刷所●株式会社厚徳社
製本所●株式会社若林製本工場
装　幀●本永恵子，籾山真之

ISBN978-4-477-02086-0　NDC.993　64p　21×14.8cm